essentials

Essentials liefern aktuelles Wissen in konzentrierter Form. Die Essenz dessen, worauf es als „State-of-the-Art" in der gegenwärtigen Fachdiskussion oder in der Praxis ankommt. *Essentials* informieren schnell, unkompliziert und verständlich

- als Einführung in ein aktuelles Thema aus Ihrem Fachgebiet
- als Einstieg in ein für Sie noch unbekanntes Themenfeld
- als Einblick, um zum Thema mitreden zu können

Die Bücher in elektronischer und gedruckter Form bringen das Fachwissen von Springerautor*innen kompakt zur Darstellung. Sie sind besonders für die Nutzung als eBook auf Tablet-PCs, eBook-Readern und Smartphones geeignet. *Essentials* sind Wissensbausteine aus den Wirtschafts-, Sozial- und Geisteswissenschaften, aus Technik und Naturwissenschaften sowie aus Medizin, Psychologie und Gesundheitsberufen. Von renommierten Autor*innen aller Springer-Verlagsmarken.

Elke Strauß · Markus Bramberger

Geldanlage und Künstliche Intelligenz

Kann ich mit KI reich werden?

Elke Strauß
Fraham, Österreich

Markus Bramberger
Enns, Österreich

ISSN 2197-6708 ISSN 2197-6716 (electronic)
essentials
ISBN 978-3-658-48212-1 ISBN 978-3-658-48213-8 (eBook)
https://doi.org/10.1007/978-3-658-48213-8

Die Deutsche Nationalbibliothek verzeichnet diese Publikation in der Deutschen Nationalbibliografie; detaillierte bibliografische Daten sind im Internet über https://portal.dnb.de abrufbar.

© Der/die Herausgeber bzw. der/die Autor(en), exklusiv lizenziert an Springer Fachmedien Wiesbaden GmbH, ein Teil von Springer Nature 2025

Das Werk einschließlich aller seiner Teile ist urheberrechtlich geschützt. Jede Verwertung, die nicht ausdrücklich vom Urheberrechtsgesetz zugelassen ist, bedarf der vorherigen Zustimmung des Verlags. Das gilt insbesondere für Vervielfältigungen, Bearbeitungen, Übersetzungen, Mikroverfilmungen und die Einspeicherung und Verarbeitung in elektronischen Systemen.
Die Wiedergabe von allgemein beschreibenden Bezeichnungen, Marken, Unternehmensnamen etc. in diesem Werk bedeutet nicht, dass diese frei durch jede Person benutzt werden dürfen. Die Berechtigung zur Benutzung unterliegt, auch ohne gesonderten Hinweis hierzu, den Regeln des Markenrechts. Die Rechte des/der jeweiligen Zeicheninhaber*in sind zu beachten.
Der Verlag, die Autor*innen und die Herausgeber*innen gehen davon aus, dass die Angaben und Informationen in diesem Werk zum Zeitpunkt der Veröffentlichung vollständig und korrekt sind. Weder der Verlag noch die Autor*innen oder die Herausgeber*innen übernehmen, ausdrücklich oder implizit, Gewähr für den Inhalt des Werkes, etwaige Fehler oder Äußerungen. Der Verlag bleibt im Hinblick auf geografische Zuordnungen und Gebietsbezeichnungen in veröffentlichten Karten und Institutionsadressen neutral.

Springer Gabler ist ein Imprint der eingetragenen Gesellschaft Springer Fachmedien Wiesbaden GmbH und ist ein Teil von Springer Nature.
Die Anschrift der Gesellschaft ist: Abraham-Lincoln-Str. 46, 65189 Wiesbaden, Germany

Wenn Sie dieses Produkt entsorgen, geben Sie das Papier bitte zum Recycling.

Was Sie in diesem *essential* finden können

- Behandlung der Möglichkeiten, Risiken und Gefahren beim Arbeiten mit KI-Chatbots bei der Geldanlage
- Informationen über die Weiterentwicklung von klassischen Internet-Suchmaschinen zum KI-Chatbot
- Anleitung für effektives Prompting in Bezug auf Investmententscheidungen seitens des KI-Chatbots und Bewertung der Antworten
- Behandlung der innovativen Möglichkeit zur Optimierung der Geldanlage für den unbedarften Anleger mit dem KI Robo Advisor: Auf Vorteile, Nachteile und Risiken beim Einsatz wird detailliert eingegangen
- Schließlich widmen wir uns der Möglichkeit IN den gehypten Bereich KI zu investieren in Form von KI-Aktien oder KI-ETFs und was unbedingt zu beachten gilt.

Vorwort

Die Reise von der Suchmaschine zum KI-Chatbot wie ChatGPT ist faszinierend. Ursprünglich entwickelten sich Suchmaschinen wie Google und Bing, um Nutzern Schlüsselwort-basierend den Zugang zu Informationen im Internet zu erleichtern. Durch die wachsende Menge an Daten und die steigenden Erwartungen der Nutzer entstand das Bedürfnis nach interaktiveren und personalisierteren Antworten.

Mit der fortschreitenden Entwicklung der künstlichen Intelligenz wurde 2022 mit ChatGPT der erste KI-Chatbot geboren. Viele weitere Chatbots wie Googles Gemini, Microsoft Copilot, Perplexity AI, TypingMind und Quillbot folgten schnell. Diese Systeme nutzen natürliche Sprachverarbeitung (LLM) und maschinelles Lernen, um menschenähnliche Gespräche zu führen und komplexe Fragen zu beantworten. Der Chatbot ist für seine Nutzer:innen eine Art digitaler Gesprächspartner und verspricht damit verbesserte Möglichkeiten als herkömmliche Suchmaschinen. Heute sind die Chatbots in der Lage, nicht nur Fakten zu liefern, sondern auch kreative Ideen zu bieten, Unterstützung zu leisten und bedeutungsvolle Gespräche zu führen. KI-Chatbots geben auf Basis von Internetquellen Antworten auf nahezu alle Fragen in Sekundenschnelle.

Es stellt sich für Anleger die Frage, ob man die KI nutzen könnte, um sich bei der Geldanlage am Aktienmarkt bei der Entscheidung unterstützen zu lassen.

Der Chatbot windet sich wahrscheinlich defensiv, konkrete Empfehlungen für die Zusammenstellung eines gewinnbringenden Portfolios zu liefern, denn er ist darauf programmiert, keine rechtlich bindenden Empfehlungen zu geben. Zielführend kann es sein, anzumerken, man würde „rein hypothetisch" die Informationen über Anlageoptionen beispielsweise für eine Bachelor-Arbeit benötigen, damit der KI-Chatbot doch zur Mitarbeit bereit ist. Die Qualität der Antworten hängt stark von der Klarheit und Präzision der Prompts ab. Effektive Prompts sollten spezifische und klare Anweisungen geben. Zum Beispiel könnte man angeben: „Hallo ChatGPT, ich möchte eine private Anlagestrategie entwickeln. Bitte berücksichtige die Ziele, Risikobereitschaft, Zeithorizont, finanzielle Situation, bevorzugte Anlageklassen, Diversifikation, steuerliche Aspekte und regelmäßige Überprüfung." Chatbots sind hierbei nützlich für erste Vorschläge, aber eine endgültige Anlagestrategie erfordert menschliche Expertise und Überprüfung. Es ist essentiell, die Logik und die Quellen der KI zu hinterfragen und auf Seriosität zu prüfen. Es empfiehlt sich nicht, in ein von der KI vorgeschlagenes Portfolio zu vertrauen, in dem Sinne, dass man darin sein Geld investiert, denn Chatbots fehlt Intuition, echte Sachkenntnis und ein Blick in die Zukunft. Die Werte, welche vorgeschlagen werden, sind zu 50 % nicht rentabel, das haben Tests von Finanzexperten gezeigt. Es liefert Daten, die bei Investitionsentscheidungen helfen können, aber die endgültige Entscheidung sollte von einem Experten getroffen werden.

Chatbots wie ChatGPT arbeiten nach stochastischen Prinzipien und treffen Vorhersagen basierend auf Wahrscheinlichkeiten, ohne echtes Verständnis der Texte. Forscher bezeichnen sie als „stochastische Papageien" oder „Bullshit-Generatoren", da sie Texte wiederholen, ohne deren Bedeutung zu kennen. Zwar kann ChatGPT in vielerlei Hinsicht relevante Antworten generieren, allerdings heißt das nicht, dass das Gesagte richtig ist und nicht jede seiner Antworten kann der Chatbot mit verlässlichen Quellen belegen. Manchmal erfindet der Chatbot schlichtweg Inhalte, dieses Verhalten wird als „Halluzinieren" bezeichnet.

Wer nach allgemeinen Tipps zum Start eine Anlegerkarriere sucht, wird bei ChatGPT tatsächlich fündig. Die KI liefert Anleitungen für Neu-Börsianer, die aber immer Hinweise darauf enthalten, dass Investitionsentscheidungen sorgfältig getroffen und regelmäßig überprüft werden sollten, um bei minimalem Risiko maximale Rendite einzufahren.

Das wohl größte Problem bei ChatGPT besteht darin, dass das Wissen der KI zeitlich begrenzt ist. Die Informationen, die der Chatbot erhalten hat, enden im September 2021. Alles, was danach geschehen ist, auf das hat ChatGPT keinen Zugriff. Damit verliert die KI in punkto Aktualität deutlich im Vergleich zu einer Suchmaschine. Es gibt allerdings eine Möglichkeit, dieses Problem zu umgehen. Mit der Browser-Erweiterung WebChatGPT ist der Chatbot dazu in der Lage, im Internet zu suchen. Konkurrierende Chatbots wie Microsoft Bing-Chat, Copilot oder Google Bard haben hingegen von Haus aus eine Web-Anbindung, können also aktuelle Daten abrufen. Es gibt auch wesentliche Vorteile der kostenpflichtigen Version gegenüber der kostenlosen Version. Möchte man den Chatbot professionell nutzen, empfiehlt sich die kostenpflichtige Version.

Für präzise Echtzeitanalysen ist es am besten, spezialisierte Plattformen und Tools zu verwenden, die explizit für diese Zwecke entwickelt wurden. Beispiele hierfür sind Handelsplattformen und Finanzanalyse-Tools, die speziell dafür entwickelt wurden, Echtzeitinformationen zu nutzen, um Markttrends zu erkennen und fundierte Entscheidungen zu treffen.

Für die Recherche ist der Chatbot hervorragend geeignet. Die enormen Datenverarbeitungsfähigkeiten von ChatGPT und ähnlichen Chatbots erlauben es, eine Vielzahl von Informationen in kürzester Zeit zu analysieren. Es eröffnen sich spannende Möglichkeiten für Investoren, die Welt der Börse besser zu verstehen und fundierte Anlageentscheidungen zu treffen. Die Tools können dabei helfen, die Grundlagen der Börse zu erlernen und aktuelle Trends wie Schlagzeilen zu analysieren. Finanznachrichten, Unternehmensberichte, Analystenmeinungen und soziale Medien werden durchforstet, um relevante Informationen zu sammeln und daraus Mögliche Trends abzuleiten. Der Chatbot bezieht sich stets auf Internetquellen, es empfiehlt sich, darauf zu gehen und das Gesagte zu überprüfen.

Das Verstehen von Markttrends ist entscheidend für erfolgreiche Geldanlagen, da es hilft, Risiken zu minimieren und den besten Zeitpunkt für Käufe und Verkäufe zu identifizieren. Big Data spielt eine wichtige Rolle bei der Vorhersage von Markttrends, indem es wertvolle Informationen über Kundenverhalten, Produktentwicklung und Wettbewerbssituationen liefert. Künstliche Intelligenz kann große Mengen an Big Data analysieren und nützliche Informationen extrahieren. Dies wird durch den Einsatz von Algorithmen und Techniken des maschinellen Lernens erreicht. Diese Algorithmen sind in der Lage, Muster, Zusammenhänge und Trends in den Daten zu erkennen, die für menschliche Analysten schwer zu erfassen wären. Dadurch können KI-Systeme Einsichten bringen, welche für Investoren von hohem Wert sind und zu einer besseren Entscheidungsfindung beitragen. Eine Herausforderung bei der Anwendung von KI für Marktvorhersagen besteht in der Qualität der verwendeten Daten und die Interpretation der Ergebnisse. Es ist entscheidend, die Grenzen der KI zu kennen und die Ergebnisse entsprechend zu interpretieren (Vgl. AI Wegweiser 2024).

Letztendlich ist die Kombination von menschlicher Intuition, Expertise und KI-Technologie ein vielversprechender Ansatz, um bessere Investmententscheidungen zu treffen. Während KI-gestützte Analysen die Effizienz verbessern können, bleibt das Verständnis der zugrunde liegenden Geschäftsmodelle und die Bewertung der Investoren von hoher Bedeutung (Vgl. Böck 2024).

Ein Robo Advisor ist eine digitale Vermögensverwaltung, die online in Form einer App oder Website, den Anlegern die langfristige Geldanlage abnimmt. Bei einem Robo Advisor handelt es sich um eine Form Künstlicher Intelligenz, die Anlegern Empfehlungen für die eigene Geldanlage gibt oder die Vermögensverwaltung eigenständig vornimmt.

Robo Advisors richten sich vor allem an Anleger mit wenig Erfahrung und kamen in Deutschland etwa 2014 auf den Markt. Bekannte Anbieter in Deutschland sind „Quirion", „Scalable Capital", „Liqid" und „Growney".

Anhand eines Fragebogens können Anleger Angaben zur ihren Anlagezielen und Erwartungen machen. Die Geldanlage basiert auf objektiven Daten, wie zum Beispiel Marktdaten, den persönlichen Zielen und Bedürfnissen des Anlegers, professionellen Anlageregeln und wissenschaftlichen Erkenntnissen.

Auf Grundlage von Algorithmen wird die passende Geldanlage bestimmt, der Wunschbetrag automatisch angelegt und die laufenden Anlageentscheidungen getroffen. In den USA und England werden Robo Advisors bereits als normal angesehen und haben vielen Investoren beim Aufbau ihres Vermögens geholfen, während die Deutschen in dieser Hinsicht international noch sehr traditionell gelten.

Wichtig bei der Auswahl des Robo Advisors ist der Vergleich der Gebühren, die jeweils verrechnet werden. Folgende Kosen können auftreten: Gewinnbeteiligung, Transaktionskosten, Verwaltungskosten, Kosten für die Fondsverwaltung, und insbesondere die Verwaltungskosten der Depotbank. Das größte Risiko, was heutzutage durch Robo Advisors entstehen kann, sind unseriöse Anbieter, die betrügerische Absichten verfolgen. Um diese zu identifizieren, hilft meist schon der gesunde Menschenverstand. Wenn sehr hohe Rendite und Erfolgsgarantie angeboten werden, dann sollte am besten Abstand von dem Anbieter gehalten werden. Um Betrüger zu erkennen, sollte das Impressum des Anbieters überprüft werden.

Es empfiehlt sich, sorgfältig abzuwägen, ob ein Robo Advisor für die eigenen Anlagebedürfnisse geeignet ist oder ob eine persönliche Beratung durch einen Finanzberater vorzuziehen ist. Eine besonders innovative Entwicklung in der Finanzbranche stellt der Hybrid-Roboadvisor dar – ein Konzept, das die Vorzüge der klassischen persönlichen Anlageberatung mit den Effizienzvorteilen automatisierter Vermögensverwaltung verbindet.

Die Skepsis deutscher Anleger gegenüber rein digitalen Finanzlösungen ist bemerkenswert und kulturell tief verwurzelt. Aktuelle Studien der Deutschen Bundesbank zeigen, dass etwa 68 % der deutschen Anleger nach wie vor den persönlichen Kontakt zum Berater bevorzugen, insbesondere wenn es um wichtige finanzielle Entscheidungen oder Investitionssummen ab 50.000 EUR geht (Vgl. Roboadvisor Portal 2024).

Die künstliche Intelligenz findet zunehmend Anwendung in verschiedenen Branchen und hat das Interesse der Anleger geweckt. Weltweit spezialisieren sich immer mehr Unternehmen auf diese Technologie, wodurch sogenannte KI-Aktien entstanden sind. Der Kauf von KI-Aktien bietet die Möglichkeit, in den wachsenden Bereich der künstlichen Intelligenz zu investieren, indem sie entweder einzelne Aktien kaufen oder in spezialisierte ETFs (börsengehandelte Fonds), die in Unternehmen investieren, welche im Bereich der künstlichen Intelligenz tätig sind (Vgl. Wagner 2024).

KI-Aktien gehören zu den Wachstumsaktien und bieten sowohl Chancen auf hohe Renditen als auch das Risiko von Marktschwankungen. Viele Aktien profitieren aktuell vom KI-Hype. Einige der Top-KI-Aktien mit zuletzt starker Rendite sind NVIDIA, Meta Platforms (ehemals Facebook), Amazon und Alphabet. Die Ankündigung des KI-Infrastrukturprojekts Stargate in den USA sowie Fortschritte des chinesischen Start-ups DeepSeek haben den KI-Markt zum Jahresbeginn 2025 erheblich beeinflusst und bisher gehalten Tech-Aktien wie NVIDIA stürzten an den Börsen ab. Dennoch bietet der KI-Sektor in den nächsten Jahren erhebliches Potential. Unternehmen, die als Marktführer in der KI-Entwicklung etabliert sind, sowie innovative Start-ups bieten lukrative Anlagemöglichkeiten (Vgl. Strobel 2025).

Wenn Sie einzelne KI-Akten kaufen, müssen Sie auf eine angemessene Gewichtung in Relation zu ihrem Gesamtportfolio achten. Deutlich leichter geling der Aufbau eines diversifizierten Portfolios aus KI-Aktien mit einem KI-Aktien-ETF, welche ein einfaches Investment in eine Vielzahl von Aktien aus dem Bereich KI anbieten.

Im Jahr 2024 schossen die KI-Aktien in die Höhe, angetrieben von der Begeisterung um das Potenzial künstlicher Intelligenz. Skeptiker befürchten, dass dies eine Blase sein könnte. Bestimmte KI-Aktien haben astronomische Bewertungen erreicht, was viele zu der Frage veranlasst: Ist dieser Enthusiasmus gerechtfertigt oder steuern wir auf einen Crash zu?

NVIDIA als Hauptlieferant von KI-Chips hat das Unternehmen zum Aushängeschild des KI-Booms gemacht, wobei sich sein Aktienkurs von 2022 bis 2024 um das Neunfache erhöht hat. Der jüngste technologische Durchbruch des chinesischen Startups DeepSeek hat Anfang 2025 zu einem Rekord-Wertverlust der NVIDIA-Aktie und anderen bedeutenden KI-Aktien geführt, und es stellt sich die Frage, ob der Höhepunkt des Erfolges bereits überschritten ist und die KI-Aktien überbewertet sein könnten.

Eine KI-Blase entsteht, wenn Investoren die Aktienkurse von KI-Unternehmen auf ein Niveau treiben, das weit über ihrem tatsächlichen Wert liegt, und zwar auf Grundlage von Spekulationen und nicht auf der Grundlage der fundamentalen finanziellen Leistung der Unternehmen. Experten, welche glauben, dass die KI-Blase weiterhin intakt ist, bezeichnen den jüngsten Rückgang der KI-Aktien als normale Marktanpassung nach einer Phase schnellen Wachstums. Im Gegenzug verweisen Skeptiker auf mehrere Indikatoren, die darauf hindeuten, dass das schnelle Wachstum rund die hohen Bewertungen der KI-Branche nicht nachhaltig sind. Große Technologieunternehmen konnten durch ihre massiven KI-Investitionen keine nennenswerten Umsatzsteigerungen oder Gewinne verzeichnen, was Unsicherheiten bei den Anlegern hervorruft.

Die Gewinner-Aktien in Verbindung mit KI sind ohne Zweifel Uran-Aktien. Je mehr Einzug KI in den Alltag hält, desto mehr Strom benötigen die gigantischen Rechenzentren weltweit. Die Atomstromgewinnung wird als grün eingestuft, da die Erzeugung ohne CO_2 Ausstoß einhergeht und Tech-Firmen propagieren die Rückkehr zur Atomenergie für eine klimafreundliche Zukunft. Microsoft, Google und Amazon haben bereits Verträge mit Betreibern von Kernkraftwerken abgeschlossen und es wird zu einem Hype um Atomkraft kommen. Dadurch steigt der Uran-Preis und entsprechend der Wert der Uran-Aktien (Vgl. Hell 2024).

Es ist jedoch wichtig, die Risiken zu berücksichtigen, da der Uranmarkt stark von geopolitischen und wirtschaftlichen Faktoren beeinflusst wird. Eine sorgfältige Analyse und Diversifikation der Investitionen sind daher ratsam.

Elke Strauß
Markus Bramberger

Inhaltsverzeichnis

1 Einleitung 1
2 KI-Chatbots 3
   2.1 Taugt der Chatbot als Anlageberater? 5
   2.2 Der Chatbot ist ein stochastischer Papagei 8
   2.3 Der Chatbot kann keine Vorhersagen treffen 9
   2.4 Der Chatbot taugt für die Recherche 10
   2.5 Marktanalysen 12
3 Robo Advisors 15
4 Risiken und Chancen bei der Investition IN künstliche Intelligenz .. 21
   4.1 KI-Aktien 22
   4.2 KI-ETFs 23
   4.3 Befinden wir uns in einer KI-Blase? 23
   4.4 Diese Aktie profitiert vom KI-Boom 25
5 Fazit 29

Was Sie aus diesem *essential* mitnehmen können 31

Literatur 33

Einleitung 1

In der heutigen digitalen Zeit gewinnen Technologien wie künstliche Intelligenz (KI) zunehmend an Bedeutung. Chatbots wie ChatGPT geben auf Basis von Quellen Antworten auf nahezu alle Fragen.

Was bedeutet der Hype um künstliche Intelligenz für Geld-Anleger? Ist es möglich, sich von der KI bei Anlage-Entscheidungen unterstützen zu lassen? Können sie ein maßgeschneidertes Portfolio erstellen und helfen, fundierte Anlageentscheidungen zu treffen? In diesem Artikel werden wir untersuchen, ob ChatGPT und ähnliche Chatbots bei der Geldanlage hilfreich sind, welche Vorteile und Risiken sie mit sich bringen und ob sie traditionelle Finanzberater ersetzen können.

ChatGPT, ein fortschrittlicher KI-Chatbot, kann auf eine Vielzahl von Fragen Antworten und Informationen bereitstellen. Doch wie gut ist es als Anlageberater? ChatGPT ist in der Lage ist, *allgemeine* Anlageempfehlungen zu geben und bei der Erstellung diversifizierter Portfolios zu helfen. Es kann grundlegende Finanzkonzepte erklären, Markttrends analysieren und potenzielle Risiken und Chancen aufzeigen. Allerdings stößt ChatGPT an seine Grenzen, wenn es um *spezifische* Anlageentscheidungen geht. Der Chatbot kann keine personalisierten Finanzpläne erstellen oder aktuelle Marktdaten in Echtzeit analysieren. Zudem fehlt ihm die Fähigkeit, emotionale und psychologische Aspekte der Anlageberatung zu berücksichtigen, die oft entscheidend für den Erfolg einer Anlagestrategie sind.

Der Einsatz von ChatGPT bei der Geldanlage-Entscheidung bietet unbestritten mehrere Vorteile. Es ist rund um die Uhr verfügbar, liefert schnelle Antworten und kann eine breite Palette von Finanzinformationen bereitstellen. Für Anleger, die grundlegende Informationen und allgemeine Ratschläge suchen, kann ein

© Der/die Autor(en), exklusiv lizenziert an Springer Fachmedien Wiesbaden GmbH, ein Teil von Springer Nature 2025
E. Strauß und M. Bramberger, *Geldanlage und Künstliche Intelligenz*, essentials, https://doi.org/10.1007/978-3-658-48213-8_1

Chatbot wie ChatGPT eine nützliche Ressource sein. Allerdings gibt es auch Risiken. Da ChatGPT auf vorab trainierten Daten basiert und keinen Zugang zu aktuellen Marktdaten hat, können seine Empfehlungen veraltet oder ungenau sein. Zudem besteht die Gefahr, dass Nutzer die Grenzen der KI nicht erkennen und sich zu sehr auf die Ratschläge des Chatbots verlassen, ohne diese kritisch zu hinterfragen.

Robo-Advisors, welche auf Künstlicher Intelligenz basieren, bestehen seit 2014. Sie verwenden Algorithmen und maschinelles Lernen, um Anlagestrategien zu entwickeln, Portfolios zu verwalten und Anlageentscheidungen zu automatisieren. Sie erstellen basierend auf den individuellen Risikoneigungen und Anlagezielen der Nutzer maßgeschneiderte Portfolios und passen diese automatisch an Marktveränderungen an. Robo-Advisors bieten eine kostengünstige Alternative zu traditionellen Finanzberatern und sind besonders für Anleger geeignet, die eine passive Anlagestrategie verfolgen möchten. Sie sind einfach zu bedienen und bieten eine transparente und systematische Vorgehensweise bei der Geldanlage, speziell für unbedarfte Anleger.

Investitionen in KI-Aktien und -ETFs bieten enorme Wachstumspotenzial und die Chance, von bahnbrechenden Innovationen zu profitieren, da KI-Technologien zunehmend in verschiedenen Branchen integriert werden. Diese Investitionen können langfristige Renditen erzielen. Allerdings gibt es auch Risiken: Die hohe Volatilität dieser Aktien kann zu erheblichen Schwankungen führen, und neue regulatorische Anforderungen könnten den Markt beeinträchtigen. Zudem besteht das Risiko, dass wir uns in einer KI-Blase befinden, die auf überhöhten Erwartungen basiert und zu einem plötzlichen Einbruch der Kurse führen könnte, wenn diese Erwartungen nicht erfüllt werden. Anleger sollten daher sorgfältig abwägen, bevor sie in KI-Aktien und -ETFs investieren.

KI-Chatbots 2

Der Marktauftritt von Google in den späten 1990er-Jahren veränderte die gesamte Welt. Mit seinem PageRank-Algorithmus, der relevante Webseiten nach Links und Inhalt einstuft, entstand ein neuer Standard für die Genauigkeit und Geschwindigkeit der Internetsuche. Trotz erheblicher Fortschritte weisen herkömmliche Suchmaschinen mehrere Einschränkungen auf, die im Laufe der Zeit deutlich geworden sind. Zum Beispiel ignorieren sie oft kontextuelle Details, indem sie sich ausschließlich auf Schlüsselwort-Ergebnisse verlassen, ohne feine Zusammenhänge zu erfassen (Vgl. Abbas 2023).

Suchmaschinen haben sich zu komplexen, intelligenten Systemen entwickelt, die in der Lage sind, menschliche Sprache und Bedürfnisse besser zu verstehen und zu verarbeiten. Ende November 2022 wurde durch die Veröffentlichung des ersten Chatbot „ChatGPT" ein weltweiter Hype um künstliche Intelligenz ausgelöst. Mittlerweile sind unzählige weitere Chatbots am Markt verfügbar. Die Chatbots unterscheiden sich bezüglich ihrer Funktionen und sind in verschiedenen Bereichen nützlich, je nach den spezifischen Anforderungen und Zielen der Nutzer.

Der Chatbot kann Anfragen in natürlicher Sprache verstehen und ist nicht auf eine bestimmte Abfolge von Keywords angewiesen. Für seine Nutzer:innen ist der Chatbot wie eine Art digitaler Gesprächspartner und verspricht damit verbesserte Möglichkeiten als herkömmliche Suchmaschinen (Vgl. Contentmanager 2023).

In die KI-Chatbots sind große Sprachmodelle – Large Language Models (LLMs) – integriert. Bekannte KI-Tools, die sich auf Textgenerierung und andere Aufgaben konzentrieren sind unter unzähligen anderen ChatGPT, Googles Gemini, Microsoft Copilot, Perplexity AI, TypingMind, und QuillBot. Diese

Tools werden weltweit in verschiedenen Bereichen eingesetzt, von kreativen Projekten bis hin zu geschäftlichen Anwendungen (Vgl. Schukay 2023).

Die erstaunlichen Entwicklungen wie Texterzeugung und -zusammenfassung, Sprachübersetzung und Stimmungsanalyse sowie Codegenerierung, ganz zu schweigen von ihrer Rolle als Gesprächsagenten, haben die Art und Weise, wie wir mit Informationen interagieren, neu definiert und bieten eine unvergleichliche Effizienz und Genauigkeit bei der Navigation durch die digitale Welt (Vgl. Abbas 2023).

Die Sprachmodelle (LLMs) beherrschen die Komplexität der Sprache, verstehen den Kontext und geben präzise Antworten. Damit haben sie die bisherigen Grenzen der Textverarbeitung überwunden. Sie können enorme Datenmengen analysieren und sie in ein benutzerfreundliches Format umwandeln. In der Tat haben sich LLMs über bloße Werkzeuge hinaus entwickelt. Vielmehr sind sie zu zuverlässigen Begleitern auf unserer Suche nach Wissen geworden. Es steht außer Frage, dass KI und LLM eine wesentliche Rolle bei der Weiterentwicklung der Websuche spielen (Vgl. Abbas 2023).

Chatbots wie ChatGPT können Antworten auf Fragen generieren, und dies auf hohem Niveau, bis hin zum Bestehen von Prüfungen. Sie können Zeitungsartikel, juristische oder wissenschaftliche Texte und auch Computerprogramme produzieren. Sie können aber auch ausgefallenere Dinge tun, zum Beispiel einen Prosa-Text in den Stil eines Shakespeare-Sonetts umschreiben. Andere Systeme sind in der Lage, Texte oder Eingaben in Bilder zu transformieren (Vgl. Geppert 2023).

Auch für Anleger am Aktienmarkt stellt sich die Frage, inwiefern die Nutzung von ChatGPT möglicherweise die eigenen Investitionsentscheidungen beeinflussen und sogar erleichtern könnte. Immerhin ist die Software zum aktuellen Zeitpunkt kostenlos nutzbar, während sich bei Banken angestellte Analysten und Finanzmarktexperten ihre Expertise häufig bezahlen lassen, zumindest indirekt durch Handelsgebühren, die nach einer Investition bei deren Arbeitgeber anfallen (Vgl. Finanzen 2024).

Wenn ein Chatbot Fragen jeglicher Art auf höchstem Niveau beantworten kann, ist es dann auch möglich, als Anleger von KI zu profitieren und sich von der KI bei Anlage-Entscheidungen unterstützen zu lassen?

2.1 Taugt der Chatbot als Anlageberater?

Von einem Chatbot wie ChatGPT können Sie Vorschläge für die Zusammenstellung diversifizierter Portfolios erhalten, basierend auf Ihren individuellen Risikoprofilen und Anlagezielen.

Die Qualität der von der KI generierten Antworten hängt wesentlich von der Klarheit und Präzision des **Prompts** ab. Gut durchdachte Prompts, die den Kontext und die spezifischen Anweisungen enthalten, führen zu besseren und nützlicheren Ergebnissen. Durch gezielte Prompts kann ChatGPT in die Rolle eines Finanzcoaches versetzt werden (Vgl. Skowron 2024).

Die Antworten von ChatGPT bauen auf einem logischen Verständnis auf. Natürlich kann es passieren, dass Nutzer:innen sich missverständlich ausdrücken oder mehrdeutige Wörter verwenden. Sofern das der Fall ist, stößt die KI mit ihrem Verständnis an ihre Grenzen und generiert sehr wahrscheinlich fehlerhafte Antworten (Vgl. Contenmanager 2023).

Um einen effektiven Prompt für ChatGPT zu erstellen, der Ihnen bei der Entwicklung einer guten privaten Anlagestrategie hilft, sollten Sie spezifische und klare Anweisungen geben. „Gib mit eine gute Anlagestrategie!" wird nicht funktionieren. Der Chatbot macht nicht, was er soll, sondern nur das, was Sie ihm sagen. Wenn der Prompt zu unpräzise ist, fragt der Chatbot auch gezielt nach, um die Informationen zu erhalten.

Hier sind Punkte, welche im **Prompt** enthalten sein sollten:

„Hallo ChatGPT, ich möchte eine private Anlagestrategie entwickeln." Bitte berücksichtige die folgenden Punkte:

- Ziele: Langfristige Vermögensbildung, Ruhestandsplanung, und Notfallfonds.
- Risikobereitschaft: Moderat – ich bin bereit, ein gewisses Risiko einzugehen, aber möchte größere Verluste vermeiden.
- Zeithorizont: 10 bis 20 Jahre.
- Aktuelle finanzielle Situation: zum Beispiel Einkommen, Ersparnisse, Schulden, etc.
- Bevorzugte Anlageklassen: Aktien, Anleihen, Immobilien, ETFs.
- Diversifikation: Ich möchte mein Portfolio diversifizieren, um das Risiko zu minimieren.
- Steuerliche Aspekte: Berücksichtige steuerliche Vorteile und Verpflichtungen.
- Regelmäßige Überprüfung: Empfehlungen für die regelmäßige Überprüfung und Anpassung der Strategie.

- Sagen Sie dem Chatbot, wie er sich fühlen soll: Du bist Aktienexperte für Internationale Aktien, bitte gib das Thema ausführlich an, sodass die Antwort auch für Anfänger geeignet ist (Vgl. Brokervergleich 2024).

„Kannst du mir basierend auf diesen Informationen eine detaillierte Anlagestrategie vorschlagen?".

Der Chatbot windet sich wahrscheinlich defensiv, konkrete Empfehlungen zu liefern, denn er möchte nicht verklagt werden und ist darauf programmiert. Man bekommt etwa zur Antwort: „Ich kann keine spezifische Anlageberatung anbieten. Wenn Du jedoch allgemeine Informationen über Anlagestrategien, Finanzinstrumente oder Markttrends benötigst, kann ich dir dabei helfen, das nötige Wissen zu vermitteln." Zielführend kann es sein, anzumerken, man würde „rein hypothetisch" die Informationen über Anlagestrategien für eine Bachelor-Arbeit benötigen, damit der KI-Chatbot doch zur Mitarbeit bereit ist (Vgl. Korth 2024).

Das Wichtigste ist, dass man den Chatbot bittet, nach seiner Logik zu fragen und seine Quellen offenzulegen und diese auf Seriosität zu prüfen. Zu den Datenquellen der KI gehören Nachrichtenartikel, Bücher, wissenschaftliche Arbeiten, allerdings beispielsweise auch Social-Media-Beiträge. Wenn ChatGPT eine neue Aufforderung erhält, sucht das Tool in seinem Gedächtnis nach ähnlichen Unterhaltungen und verwendet diese als Anleitung, um seine Antwort zu formulieren (Vgl. Brokervergleich 2024).

Man kann den Chatbot dezidert darum bitten, sich auf spezielle Websites zu beziehen, wie beispielsweise „broker.de", „Finanzwesir", „kurse.de", „boerse.de", „focus.de/finanzen", „finanzen100.de", um sicherzugehen, dass es sich um authentische Informationen handelt, welche man erhalten möchte.

Seien Sie höflich, auch Software schätzt „bitte" und „danke" und geben Sie sich nicht mit den ersten Antworten zufrieden, fragen Sie nach. Man kann den Chatbot auch bitten, nicht zu „halluzinieren" und nichts zu erfinden, denn auch das kommt vor (Vgl. Warnecke 2024).

Ein Beispiel für einen guten Prompt zum Vermögensaufbau ist: „Erstelle eine systematische Strategie zum Vermögensaufbau aus der Sicht eines Finanzplaners, wenn ich monatlich 1000 € investieren möchte. Berücksichtige dabei, dass mein langfristiges Ziel finanzielle Unabhängigkeit ist und ich ein moderates Risiko eingehen möchte. Welche Anlagestrategien passen am besten zu diesen Zielen? Bitte liefere eine Empfehlung mit maximal 300 Wörtern." (Vgl. Skowron 2024).

Die Antworten, welche man vom Chatbot erhält, sind möglicherweise nicht zielführend, das hat Finanzwesir Albert Wanecke auf seinem Vortrag auf der „Invest" gezeigt. Er wies die KI an, zwei Portfolios zu erstellen, nämlich ein

2.1 Taugt der Chatbot als Anlageberater?

Hochdividenden-Portfolio, das zweite ein Crypto-Portfolio mit maximal zehn Werten. Die KI legte Werte vor. Nach der Prüfung eines Menschen ergab sich, dass 50 % der Werte nicht rentabel sind. Man braucht im Hintergrund einen Experten, welcher sich mit der Materie auskennt und gegencheckt. Für die Portfoliokonstruktion ist der Chatbot nicht nützlich. Um Profit zu machen, muss man Expertise vorweisen. Den Tools fehlt Hintergrundwissen und es ist Vorsicht geboten. Die Antworten des Tools kann man als ersten Aufschlag sehen, mehr nicht. In die Tiefe kann nur ein Mensch gehen (Vgl. Warnecke 2024). Ein Chatbot kann Kernkompetenzen im Handel wie Risikomanagement, Psychologie und strategische Planung nicht ersetzen. Verwenden Sie ihn, um einen Prozess zu ergänzen, nicht um ihn zu ersetzen. Handel, Börse, Geldanlage besteht zu 80 % aus Psychologie und zu 20 % aus Fakten. Bei den Fakten kann der Chatbot gut arbeiten, die Psychologie kann er mit Hinweisen auf Texten unterstützen, Risikomanagement jedoch ist nicht seine Stärke (Vgl. Warnecke 2024).

Die Antworten des Chatbots kann man als Überblick über Möglichkeiten sehen. Hier kann man beginnen, zu recherchieren, indem man direkt auf die Seite bzw. Quelle geht. Ein Bot ist kein Trader, sondern er setzt Wahrscheinlichkeiten zu Wörtern zusammen. Als Rohbau kann man sich eine Trading-Strategie anbieten lassen, muss jedoch seinen eigenen Trader-Instinkt einsetzen. Die Strategie und Ratschläge, die angeboten werden, müssen durch Papierhandel und Backtesting validiert werden, bevor echtes Kapital eingesetzt werden kann (Vgl. Warnecke 2024).

Die Software selbst will sich nicht als Investmentberater verstanden wissen, was in der Natur einer künstlichen Intelligenz liegt. Diese lernt aus vergangenen Daten, die sich aber – insbesondere am Aktienmarkt – nicht zwangsläufig eins zu eins auf die künftige Entwicklung übertragen lassen (Vgl. Finanzen 2024).

Befragt man die Software direkt nach der Zukunft des Aktienmarktes, lohnenswerten Investments oder der zukünftigen Kursentwicklung einer Aktie, bekommt man meist die gleiche Antwort: Als KI-Modell sei die Software nicht in der Lage, die Zukunft vorherzusagen. Zudem weist der Chatbot den Fragesteller eindeutig daraufhin, dass die Entwicklung der Aktienmärkte sehr komplex sei und von vielen Faktoren abhänge, die sich jederzeit ändern könnten. Niemand, einschließlich Experten, könne den Aktienmarkt mit absoluter Sicherheit vorhersagen, so der Tenor verschiedener Antworten auf verschiedene Varianten der Fragestellung nach lohnenswerten Aktieninvestments in der Zukunft (Vgl. Finanzen 2024).

ChatGPT darf keine Anlageberatung im eigentlichen Sinne leisten und keine rechtlich bindenden Empfehlungen geben. Sie ist lediglich ein digitaler Helfer, der dich dabei unterstützt, bessere Entscheidungen zu treffen und dich umfassend zu informieren (Vgl. ETFcapital 2023).

2.2 Der Chatbot ist ein stochastischer Papagei

Chatbots arbeiten, wie andere Systeme des maschinellen Lernens auch, anhand stochastischer Prinzipien, das heißt, sie treffen Vorhersagen, welches Textfragment mit großer Wahrscheinlichkeit auf ein bereits existierendes Fragment folgen sollte. Sie haben weder ein Verständnis der Texte, mit denen sie trainiert wurden, noch der Texte, die sie erzeugen. Diese Transformatoren haben also auch keinen Begriff von Wahrheit. Sie wurden deshalb von Forscher:innen als «stochastische Papageien» bzw. als «Bullshit-Generatoren» bezeichnet (Vgl. Geppert 2023).

Die Aussage, dass ein Chatbot wie ChatGPT ein **„stochastischer Papagei"** ist, stammt von der Forschungsarbeit „On the Dangers of Stochastic Parrots: Can Language Models Be Too Big?", die von Emily M. Bender, Timnit Gebru, Angelina McMillan-Major und Margaret Mitchell verfasst wurde. Diese Forscher kritisieren, dass solche Modelle oft riesige Datenmengen ohne echtes Verständnis verarbeiten und reproduzieren, ähnlich wie ein Papagei, der Wörter wiederholt, ohne ihre Bedeutung zu kennen. Dadurch gehen potentielle Gefahren von großen Sprachmodellen aus, wenn man sich auf die Antworten verlässt. Die Sprachmodelle haben die Tendenz, Text zu generieren, der zwar statistisch plausibel, aber manchmal inhaltlich leer und irreführend ist (Vgl. Comdirekt Magazin 2020).

„KI Chatbots geben Nachrichten nicht korrekt wieder!" Zu diesem Ergebnis kam der öffentlich-rechtliche Sender BBC, welcher Chat GPT, Copilot, Gemini, sowie Perplexity testete. Die Chatbots sollten Nachrichten von seiner eigenen Website zusammenfassen. Das Ergebnis: Sie sind allesamt nicht dazu in der Lage, das korrekt, präzise und unverzerrt zu tun. Im BBC-Test lieferten die KI-Assistenten wesentliche Ungenauigkeiten und Verzerrungen der Inhalte. So enthielten 51 % aller KI-Antworten zu Fragen über aktuelle News signifikante Fehler. 19 % der Antworten, die sich auf BBc-Inhalte bezogen, enthielten faktische Fehler, darunter falsche Darstellungen, falsche Zahken und Daten. 13 % der Zitate aus BBC-Artikeln wurden entweder verändert oder waren in den zitierten Artikeln nicht zu finden (Vgl. Fidler 2025).

Zwar kann ChatGPT in vielerlei Hinsicht relevante Antworten generieren, allerdings heißt das nicht, dass das Gesagte richtig ist und ChatGPT kann darüber hinaus nicht jede seiner Antworten mit verlässlichen Quellen belegen. Auch die Bewertung von Quellen kann ChatGPT nicht eigenständig durchführen. Das bedeutet, nur weil eine Antwort plausibel erscheint, heißt das nicht, dass sie auch aus einer zuverlässigen Quelle stammt. Die Antworten von ChatGPT sind deshalb immer mit gewisser Vorsicht zu genießen. Quellen sollten immer eigenständig überprüft und im Zweifel auch hinterfragt werden (Vgl. Contentmanager 2023).

ChatGPT wird auch zur Erzeugung professioneller Texte verwendet. Die Texte enthalten allerdings mitunter inhaltliche Fehler und behaupteten nichtexistierende Sachverhalte. Dieses Verhalten der Generatoren, Sachverhalte zu erfinden, wird als «Halluzinieren» bezeichnet (Vgl. Geppert 2023). ChatGPT muss ununterbrochen von Menschen überwacht werden. Leider kann ChatGPT ein probates Ergebnis nicht von einem schlechten unterscheiden, sondern benötigt menschliches Eingreifen, um seine Arbeit zu korrigieren und ihm dadurch weiteres Lernen zu ermöglichen.

Wer nach allgemeinen Tipps zum Start einer Anlegerkarriere sucht, der wird bei ChatGPT tatsächlich fündig: Die KI liefert Anleitungen für Neu-Börsianer, die aber auch immer Hinweise darauf enthalten, dass Investitionsentscheidungen sorgfältig getroffen und regelmäßig überprüft werden sollten, um bei minimalem Risiko eine maximale Rendite einzufahren (Vgl. Finanzen 2024).

Konkrete Aktienvorschläge bekommt man von ChatGPT zwar nicht, wohl aber Daten, aus denen sich eine Investitionsentscheidung ableiten lassen könnte. So liefert der Chatbot auf Nachfrage eine Liste der größten börsennotierten Unternehmen oder auch Branchenvertreter etwa aus dem Bereich Tech. Wer also zunächst eine grobe Eingrenzung möglicher Investitionsziele benötigt, weil bereits eine Vorab-Entscheidung – etwa für eine Branche oder ein Investitionsland – gefallen ist, der bekommt Hilfe vonseiten der KI. Auch kann man Finanzdaten aus der Vergangenheit abfragen, etwa Umsatz- oder Gewinnentwicklung spezieller Unternehmen (Vgl. Finanzen 2024).

2.3 Der Chatbot kann keine Vorhersagen treffen

Hat man vor, ChatCPT für das Investieren zu nutzen, liegt es nahe, den Chatbot direkt nach einer Empfehlung oder Vorhersage zu fragen. Kaum hat man die Frage gestellt, erhält man die ernüchternde Antwort, dass keine „spezifischen Anlageempfehlungen" getroffen werden können. Das Sprachmodell verweist an dieser Stelle darauf, dass eine genaue Analyse in den unterschiedlichsten Bereichen notwendig ist und ein Finanzberater zu Rate gezogen werden soll. Darüber hinaus wird darauf aufmerksam gemacht, dass eine Investmententscheidung von vielen individuellen Faktoren abhängig ist. Im Bestfall gibt ChatCPT eine allgemeine Einschätzung zum Unternehmen oder der Aktie, zum Beispiel: „Die VW-**Aktie** ist eine der bekanntesten und am meisten gehandelten Aktien in Europa." (Vgl. Pervan 2024).

Historische Daten abzurufen ist prinzipiell kein Problem. Es muss allerdings beachtet werden, dass ChatGPT zur Erstellung von Texten ausgelegt ist und seine

Antwort in einem fortlaufenden Text anzeigt. Die für die eigene Analyse oft notwendigen Übersichten in Tabellenform, Charts und direkte Vergleiche sind in der Form nicht möglich. Durch die Textform kann zudem schnell der Überblick verloren gehen. Alternativ können die gleichen Informationen innerhalb von nur wenigen Klicks in transparenter Form über die Suchmaschine Ihrer Wahl abgerufen werden (Vgl. Pervan 2024.)

Das wohl größte Problem bei ChatGPT besteht darin, dass das Wissen der KI zeitlich begrenzt ist. Die Informationen, die der Chatbot erhalten hat, enden im September 2021. Alles, was danach geschehen ist – beispielsweise neue Kinofilme oder Smartphones, die auf den Markt gekommen sind – auf das hat ChatGPT keinen Zugriff. Der normale Funktionsumfang erlaubt es ChatGPT nicht auf das Internet zurückzugreifen. Damit verliert die künstliche Intelligenz in puncto Aktualität deutlich im Vergleich zu einer Suchmaschine. Es gibt allerdings eine Möglichkeit, dieses Problem zu umgehen. Mit der Browser Erweiterung WebChatGPT ist der Chatbot dazu in der Lage, im Internet zu suchen. Nutzer:innen können bei der Erweiterung ebenso Suchfilter einstellen, wie bei einer normalen Suche, um Ihre Suche zu präzisieren (Vgl. Contentmanager 2023). Konkurrierende Chatbots wie Microsoft Bing-Chat, Copilot oder Google Bard haben hingegen von Haus aus eine Web-Anbindung, können also aktuelle Daten abrufen. Es gibt auch wesentliche Vorteile der kostenpflichtigen Versionen gegenüber der kostenlosen Version. Möchte man den Chatbot professionell nutzen, empfiehlt sich die kostenpflichtige Version.

Für präzise Echtzeitanalysen ist es am besten, spezialisierte Plattformen oder Tools zu verwenden, die explizit für diesen Zweck entwickelt wurden. Beispiele hierfür sind Handelsplattformen und Finanzanalyse-Tools, die speziell dafür entwickelt wurden, Echtzeitinformationen zu nutzen, um Markttrends zu erkennen und fundierte Entscheidungen zu treffen.

2.4 Der Chatbot taugt für die Recherche

Millionen von Analysten und Finanzmarktexperten weltweit geben auf Basis von Daten ihre Einschätzung zur Entwicklung des Finanzmarktes, ganzer Branchen oder einzelner Aktien ab. Anleger müssen weiterhin Kursziele vergleichen, Fundamentaldaten interpretieren und Zukunftschancen einschätzen und auf Basis der Ergebnisse eine Anlageentscheidung treffen. Können Anleger künftig mit ChatGPT noch auf eine zusätzliche Daten-Quelle vertrauen, um sich ein Bild über die Finanzmärkte zu machen? (Vgl. Finanzen 2024).

2.4 Der Chatbot taugt für die Recherche

Mit ChatGPT und ähnlichen Chatbots eröffnen sich spannende Möglichkeiten für Investoren, die Welt der Börse besser zu verstehen und fundierte Anlageentscheidungen zu treffen. Diese Tools können dabei helfen, die Grundlagen der Börse zu erlernen und aktuelle Trends sowie Schlagzeilen zu analysieren. Dadurch erhalten Sie bereits ein grobes Bild darüber, wie es um eine Aktie steht und ob sie sich derzeit positiv oder negativ entwickelt (Vgl. Böck 2024).

Die Datenverarbeitungsfähigkeiten von KI erlauben es, eine Vielzahl von Informationen in kürzester Zeit zu analysieren. Der Chatbot kann Finanznachrichten, Unternehmensberichte, Analystenmeinungen und soziale Medien durchforsten, um relevante Informationen zu sammeln und daraus mögliche Trends abzuleiten. Diese Fähigkeit ist besonders nützlich, um schnell auf aktuelle Ereignisse und Marktbewegungen zu reagieren (Vgl. Böck 2024).

ChatGPT kann grundlegende Informationen und Erklärungen zu verschiedenen Finanzinstrumenten, Anlagestrategien und Markttrends liefern, was besonders für neue Anleger hilfreich ist:

Funktionsbereiche	Beispiele
Informationen filtern	Chat GPT kann riesige Datenmengen verarbeiten und dir präzise und umfassende Informationen über Top-ETFs, Aktien und ihre Performance liefern
Analytische Insights	Renditeaussichten, Risiken oder historische Entwicklungen von Anlagemöglichkeiten analysieren
Individuelle Strategien	Empfehlungen für Anlagestrategien erhalten, die auf deinen Präferenzen, Risikoprofil und Zielen basieren
Optimierung der Geldanlage	Informationen über steuerliche Aspekte oder Kosten eines ETF-Sparplans einholen und Optimierungspotenziale aufdecken
Einblick in Nischenmärke	Ratgeber für speziellere Anlagemöglichkeiten wie Nischenmärkte (Vgl. ETFcapital 2023)

Eine dieser Stellen ist die gezielte und schnelle Erklärung von Begrifflichkeiten, die beim Investieren an der Tagesordnung stehen. Daran anknüpfend kann die künstliche Intelligenz ebenfalls diverse Strategien beim Investieren allgemein und einfach verständlich erklären. Insbesondere für Anfänger im Investmentbereich bietet sich damit ein echter Mehrwert. Ein weiterer Punkt ist die gezielte Suche nach spezifischen historischen Daten. Fragt man beispielsweise nach dem Umsatz von Mercedes-Benz im Jahre 2005, dann erhält man in Sekundenschnelle eine gezielte Antwort (Vgl. Pervan 2024).

Ein großer Vorteil bei ChatGPT ist die Personalisierung von Antworten. Die künstliche Intelligenz baut ihre Antworten anhand des bisherigen Nutzerverhaltens auf. So ergeben sich bestimmte Muster bezüglich Standort, Sucheinträge, Tonalität etc. Die Antworten, die ChatGPT auf dieser Basis generiert, entsprechen somit einem individuellen Nutzerprofil und können dadurch von Nutzer:in zu Nutzer:in unterschiedlich ausfallen. Das bedeutet auch, dass ChatGPT lernt zu unterscheiden, welche Inhalte für die Nutzer:innen relevant sind und welche nicht (Vgl. Contentmanager 2023).

2.5 Marktanalysen

Das Verstehen von Markttrends ist entscheidend für eine erfolgreiche Geldanlage. Dadurch können Anleger Risiken besser einschätzen und ihre Portfolios entsprechend diversifizieren, um Verluste zu minimieren. Kenntnis der Markttrends ermöglicht es, den besten Zeitpunkt für Käufe und Verkäufe zu identifizieren, um maximale Rendite zu erzielen. Langfristige Trends geben Aufschluss über zukünftige Entwicklungen und helfen Anlegern, ihre Anlagestrategien entsprechend anzupassen. Trends können auch als Indikatoren für die allgemeine wirtschaftliche Lage dienen und somit Hinweise auf zukünftige wirtschaftliche Bedingungen und deren Einfluss auf Investitionen geben. Dabei kann die KI als nützliches Instrument gesehen werden, um sich umfassend zu informieren, um die bestmögliche Entscheidung zu treffen.

Big Data spielt eine entscheidende Rolle bei der Vorhersage von Markttrends. Es bezieht sich auf die große Menge an Daten, die in der heutigen digitalen Welt generiert werden. Diese Daten enthalten wertvolle Informationen über das Kundenverhalten, die Produktentwicklung, die Wettbewerbssituation und vieles mehr. Durch die Verwendung von Big Data können Investoren ein tieferes Verständnis für den Markt entwickeln und genaue Vorhersagen treffen. Je mehr Daten verfügbar sind, desto genauer können die Vorhersagen sein. Für den Einsatz im Finanzsektor ist die Fähigkeit, Muster in großen Datenmengen zu erkennen, von Vorteil.

Künstliche Intelligenz ermöglicht es, große Mengen an Big Data zu analysieren und nützliche Informationen zu extrahieren. Dies wird durch den Einsatz von Algorithmen und Techniken des maschinellen Lernens erreicht. Diese Algorithmen sind in der Lage, Muster, Zusammenhänge und Trends in den Daten zu erkennen, die für menschliche Analysen schwer zu erfassen wären. Dadurch können KI-Systeme Einsichten bringen, welche für Investoren von hohem Wert

2.5 Marktanalysen

sind und zu einer besseren Entscheidungsfindung beitragen (Vgl. AI Wegweiser 2024). Die Analyse von historischen Daten hilft, Muster zu identifizieren und zukünftige Entwicklungen vorherzusagen. Zusätzlich können auch externe Datenquellen wie soziale Medien oder Newsfeeds verwendet werden, um aktuelle Trends und Stimmungen zu erfassen und in die menschliche Vorhersage einzubeziehen. Die Kombination verschiedener Methoden und Datenquellen ermöglicht eine umfassende und genaue Vorhersage von Markttrends durch den Menschen (Vgl. AI Wegweiser 2024).

Eine Herausforderung bei der Anwendung von Künstlicher Intelligenz für Marktvorhersagen besteht in der Qualität der verwendeten Daten. Schlechte Datenqualität kann zu falschen Prognosen führen. Ein weiteres Problem ist die Interpretation der Ergebnisse. KI-Systeme können nur so gut sein wie die Algorithmen, die ihnen zugrunde liegen. Es ist entscheidend, die Grenzen der KI zu kennen und die Ergebnisse entsprechend zu interpretieren. Es ist auch wichtig zu bedenken, dass KI immer auf menschliche Programmierung angewiesen ist und daher nicht in der Lage ist, komplexe menschliche Verhaltensweisen vorherzusagen (Vgl. AI Wegweiser 2024).

Heutige KI-Computersysteme zählen zur sogenannten „schwachen KI". Das bedeutet, dass diese Form der Künstlichen Intelligenz zwar in der Lage ist, riesige Datenmengen, sogenannte „Big Data" mit Hilfe von maschinellem Lernen (engl. Machine Learning) zu verarbeiten und bestimmte Problemstellungen zu lösen. Für den Einsatz im Finanzsektor ist die Fähigkeit, Muster in großen Datenmengen zu erkennen, ebenfalls von Vorteil. Doch im Vergleich mit dem menschlichen Gehirn erlangt diese KI kein tieferes Verständnis für die Problemlösung. Sie handelt reaktiv und unflexibel. Muster in Geschäftsberichten oder allgemeinen Branchenentwicklungen zu finden, ist für die KI schwierig. Hier gibt es viele verschiedene Signale, die ein menschlicher Fonds-Manager aufgrund seiner Erfahrung besser analysieren und berücksichtigen kann (Vgl. Comdirekt Magazin 2020).

Eine sogenannte „starke KI" wäre dazu in der Lage, wie der Mensch logisch zu denken, aus eigenem Antrieb Entscheidungen zu treffen, natürlich zu kommunizieren und alle diese Fähigkeiten zu kombinieren, um ein Ziel zu erreichen. Bis heute ist es jedoch noch nicht gelungen, eine starke Künstliche Intelligenz zu entwickeln (Vgl. Comdirekt Magazin 2020).

Vereinfacht ausgedrückt: Stand heute ist die KI sehr gut darin, in sehr großen Datensätzen Muster zu erkennen und diese auszuwerten. Typische Einsatzgebiete für KI sind deshalb selbstfahrende Autos, Spracherkennung oder Bilderkennung sowie virtuelle Assistenten (Vgl. Comdirekt Magazin 2020).

KI Chatbots stecken noch in ihrem Anfangsstadium. Das lässt sich daran erkennen, wie viel Potenzial noch in der Zukunft steckt, nämlich dem Zugriff auf Echtzeitdaten, deren Analyse und Ableitung von gezielten Investmententscheidungen.

Letztendlich ist die Kombination von menschlicher Intuition, Expertise und KI-Technologie ein vielversprechender Ansatz, um bessere Investmententscheidungen zu treffen. Während KI-gestützte Analysen die Effizienz verbessern können, bleibt das Verständnis der zugrunde liegenden Geschäftsmodelle und die Bewertung von Investoren von hoher Bedeutung (Vgl. Böck 2024).

Robo Advisors 3

Ein Robo Advisor ist eine digitale Vermögensverwaltung, die online in Form einer App oder Website, den Anlegern die langfristige Geldanlage abnimmt. Bei einem Robo Advisor handelt es sich um eine Form Künstlicher Intelligenz, die Anlegern Empfehlungen für die eigene Geldanlage gibt oder die Vermögensverwaltung eigenständig vornimmt. In erster Linie richtet sich der Robo Advisor an Anleger, die über wenig Erfahrung mit Finanzmärkten verfügen. In Deutschland kamen die ersten Robo Advisors etwa 2014 auf den Markt, und seitdem hat sich der Markt stetig weiterentwickelt. Einige der frühen Anbieter in Deutschland sind „Quirion", „Scalable Capital", „Liqid" und „Growney". Es gibt mittlerweile viele verschiedene Arten von digitalen Anlage-Helfern, mit denen zum Beispiel Kryptowährungen, Aktien, ETFs und viele andere Finanzinstrumente gehandelt werden können.

Der Begriff Robo-Advisor setzt sich aus den englischen Wörtern für „Roboter" und „Berater" zusammen. Auf Grundlage von Algorithmen wird die passende Geldanlage bestimmt, der Wunschbetrag automatisch angelegt und die laufenden Anlageentscheidungen getroffen (Vgl. Comdirekt Magazin 2023). Der eigentliche Zweck eines Robo Advisors ist, die festgelegten Handelsstrategien ohne zeitliche Verzögerung umzusetzen und damit die besten Ergebnisse zu erzielen. Da Investoren oft emotionale Entscheidungen treffen, besonders wenn die Märkte sich nicht in die gewünschte Richtung bewegen, kann ein Robo Advisor vor Verlusten schützen und selbst in hektischen Marktsituation die besten Ergebnisse erzielen (Vgl. Prentzek 2025).

Deutsche Investoren gelten international noch als sehr traditionell. In den USA und England setzen Investoren vielmehr auf moderne Investitions-Möglichkeiten. In den beiden Ländern werden heute bereits 631 Mrd. US-Dollar von digitalen

Vermögensverwaltern unterstützt. Die Nutzung eines Robo Advisors wird in diesen Ländern bereits als normal angesehen und hat vielen Investoren beim Aufbau ihres Vermögens geholfen (Vgl. Prentzek 2025).

Die meisten Robo-Advisors investieren in ETFs (Exchange Traded Funds) und bieten ein breites Angebot an verschiedenen Anlageklassen wie Aktien oder Fonds.

Anhand eines Fragebogens können Anleger Angaben zu ihren Anlagezielen und Erwartungen machen. Die Geldanlage basiert auf objektive Daten, wie zum Beispiel Marktdaten, den persönlichen Zielen und Bedürfnissen des Anlegers, professionellen Anlageregeln und wissenschaftlichen Erkenntnissen.

Dazu beantworten Anleger zunächst online verschiedene Fragen zu:

- ihrer Person (zum Beispiel Alter)
- ihren Einkünften und Vermögensverhältnissen
- ihren Anlagepräferenzen (Einmalanlage oder Sparplan, Nachhaltigkeitspräferenz)
- ihrem Anlagehorizont
- ihren Anlagezielen (zum Beispiel Vermögensaufbau, Altersvorsorge)
- ihren Finanzkenntnissen
- ihrer Risikobereitschaft (sicherheits- oder gewinnorientiert?) (Vgl. Comdirekt Magazin 2023)

Auf Grundlage dieser Angaben schlägt der Robo-Advisor eine passende Anlagestrategie mit entsprechender Anlageaufteilung vor. Im nächsten Schritt hat man als Anleger die Möglichkeit, ein Depot zu eröffnen. Nach Einzahlung des Anlagebetrags kümmert sich der Robo-Advisor um die technische Umsetzung der Anlagestrategie mit passenden Wertpapieren und behält diese langfristig bei. Die Verwaltung des Portfolios und eventuell notwendige Anpassungen erfolgen automatisiert (Vgl. Comdirekt Magazin 2023).

Für einige Anleger kann ein Robo Advisor eine gute Wahl sein, um ihre Investitionen zu optimieren. Insbesondere für diejenigen, die nicht über ausreichend Erfahrung oder Wissen in Bezug auf Aktien, ETFs und andere Anlageklassen verfügen, kann ein Robo Advisor helfen, ein ausgewogenes Portfolio zusammenzustellen. Auch wenn Sie wenig Zeit haben oder sich nicht mit der Verwaltung Ihrer Geldanlage beschäftigen möchten, können Robo-Advisors eine gute Option sein. Einer der größten Vorteile ist die Möglichkeit, in verschiedene Anlageklassen wie Aktien, Fonds und ETFs zu investieren. Viele Robo-Advisors bieten ein breites Angebot an verschiedenen Anlageprodukten, um das Portfolio des Kunden optimal auf dessen Bedürfnisse abzustimmen. Zudem sind die Kosten bei

3 Robo Advisors

einem Robo Advisor im Allgemeinen geringer als bei traditionellen Banken oder Anbietern von Finanzdienstleistungen (Vgl. Korth 2023).

Genauso wie bei der Bandbreite der Dienstleistungen kann sich auch das Gebührenmodell je nach Anbieter stark unterscheiden. Bei der Nutzung eines Robo Advisors können verschiedene Gebühren berechnet werden, die Sie bei deinem Robo Advisor Vergleich beachten solltest. Folgende Gebühren können auftreten: Gewinnbeteiligung, Transaktionskosten, Verwaltungskosten, Kosten für die Fondsverwaltung, Verwaltungskosten der Depotbank. Grundsätzlich entstehen die höchsten Kosten bei den meisten Robo Advisors durch die Verwaltungsgebühr. Diese werden in den meisten Fällen jährlich berechnet. Es handelt sich dabei um eine Servicegebühr, mit denen die Anbieter ihre Leistungen und Dienste finanzieren. Die Verwaltungsgebühr liegt in den meisten Fällen zwischen 0,2 und 1,3 % des jeweiligen Depotvolumens. Am großen Unterschied der Verwaltungsgebühr sehen Sie schon, dass sich ein eingehender Robo Advisor Test finanziell auszahlen kann. Ein weiterer hoher Kostenfaktor können die Transaktionsgebühren sein, die grundsätzlich für jede Transaktion von der Depotbank berechnet werden. Einige Anbieter berechnen keine Kosten für Transaktionen, dafür aber eine höhere Verwaltungsgebühr. Die Transaktionskosten können zwischen 0,15 und 0,35 % der jeweiligen Transaktionshöhe liegen. Ein eingehender Robo Advisor Vergleich kann sich also auch bei den Transaktionsgebühren durchaus lohnen (Vgl. Prentzek 2025).

Das größte Risiko, was heutzutage durch Robo Advisor entstehen kann, sind unseriöse Anbieter, die betrügerische Absichten verfolgen. Um unseriöse Anbieter zu identifizieren, hilft meistens schon der gesunde Menschenverstand. Wenn sehr hohe Rendite und Erfolgsgarantie angeboten werden, dann sollte am besten Abstand von dem Anbieter gehalten werden. Um Betrüger zu erkennen, kann das Impressum des Anbieters überprüft werden. Ein Anbieter eines Robo Advisors muss in Deutschland als Anlagevermittler nach Paragraf 34 f. der Gewerbeordnung oder als Vermögensverwalter nach Paragraf 32 des Kreditwesengesetzes angemeldet sein. Vermögensverwalter müssen über eine Lizenz der BaFin verfügen und dürfen in Deutschland für Privatkunden nur durch einen Vermögensverwaltungsvertrag Transaktionen eigenständig ausführen. Nur dadurch wird es möglich, ein Depot nach vorgegebenen Kundenwünschen zu überwachen und eigenständig anzupassen. Durch die Überwachung und Kontrolle der BaFin können Anbieter als sicher eingestuft werden (Vgl. Prentzek 2025).

Es ist wichtig, sorgfältig abzuwägen, ob ein Robo-Advisor für die eigenen Anlagebedürfnisse geeignet ist oder ob eine persönlichere Beratung durch einen Finanzberater vorzuziehen ist. Eine besonders innovative Entwicklung in der

Finanzbranche stellt der Hybrid-Roboadvisor dar – ein Konzept, das die Vorzüge der klassischen persönlichen Anlageberatung mit den Effizienzvorteilen automatisierter Vermögensverwaltung verbindet.

Der Grundgedanke des hybriden Ansatzes basiert auf der Erkenntnis, dass weder eine rein digitale noch eine ausschließlich persönliche Beratung den vielfältigen Bedürfnissen der Anleger in allen Situationen gerecht werden kann. Ein Hybrid-Roboadvisor kombiniert daher die persönliche Beratung durch Finanzexperten mit der Algorithmus-basierten Vermögensverwaltung eines Robo-Advisors. Der Prozess beginnt typischerweise mit einem ausführlichen Beratungsgespräch, bei dem ein qualifizierter Finanzberater die individuellen Bedürfnisse, Ziele und Risikoneigung des Anlegers ermittelt. Diese initiale Beratungsphase ist von entscheidender Bedeutung, da hier die Weichen für die gesamte weitere Anlagestrategie gestellt werden. Der Berater kann in diesem Gespräch nicht nur standardisierte Fragen abarbeiten, sondern auch auf individuelle Besonderheiten eingehen, etwa spezielle berufliche Situationen, familiäre Verpflichtungen oder persönliche Präferenzen bezüglich bestimmter Anlageformen oder Branchen (Vgl. Roboadvisor Portal 2024).

Die Skepsis deutscher Anleger gegenüber rein digitalen Finanzlösungen ist bemerkenswert und kulturell tief verwurzelt. Aktuelle Studien der Deutschen Bundesbank zeigen, dass etwa 68 % der deutschen Anleger nach wie vor den persönlichen Kontakt zu einem Berater bevorzugen, insbesondere wenn es um wichtige finanzielle Entscheidungen geht. Dieser Wert steigt in Krisenzeiten sogar noch deutlich an. Während der Corona-Pandemie sowie in Phasen starker Marktschwankungen suchten bis zu 72 % der Befragten verstärkt den persönlichen Austausch (Vgl. Roboadvisor Portal 2024).

Eine repräsentative Untersuchung des Deutschen Institut für Vermögensbildung und Alterssicherung (DIVA) ergab, 76,2 % der Deutschen bei Aktienanlagen persönliche Beratung für notwendig erachten, und rund die Hälfte davon sieht das zumindest bei anspruchsvollen und langfristigen Anlagen so. Insbesondere bei Anlagevolumen über 50.000 € nimmt der Wunsch nach persönlicher Beratung deutlich zu. Etwa 83 % der Befragten gaben an, bei größeren Anlageentscheidungen nicht ausschließlich auf digitale Lösungen vertrauen zu wollen. Bei Alternativen zur persönlichen Beratung sind die Jüngeren erwartungsgemäß offener für eigenständige Recherchen im Internet. Fast 70 % der 18- bis 29-Jährigen kennen Internetangebote, die darin unterstützen sollen, die persönlichen Finanzen zu organisieren und zu verwalten. Bei den 50 bis 64-Jährigen sind das nur 42,6 %. Bemerkenswerterweise nutzt aber nur rund ein Drittel derjenigen, die solche Angebote kennen, diese auch für konkrete Geldentscheidungen, und zwar unabhängig vom Alter. Andererseits zeigen sich auch relativ niedrigen Werte mit skeptischer Haltung, 29,9 % der 18 bis 29-Jährigen, die mit Geldgeschäften im Internet unterwegs sind, geben an, aufgrund von Tipps im World Wide Web schon (viel) Geld verloren zu haben (Vgl. DIVA 2024).

Risiken und Chancen bei der Investition IN künstliche Intelligenz 4

Die künstliche Intelligenz (KI) findet zunehmend Anwendung in verschiedenen Branchen und hat auch das Interesse der Anleger geweckt. Weltweit spezialisieren sich immer mehr Unternehmen auf diese Technologie, wodurch sogenannte KI-Aktien entstanden sind. Der Kauf von KI-Aktien bietet die Möglichkeit, von den Chancen des aufstrebenden Technologiebereichs zu profitieren. Anleger haben die Möglichkeit, in den wachsenden Bereich der künstlichen Intelligenz (KI) zu investieren, indem sie entweder einzelne Aktien kaufen oder in spezialisierte ETFs (börsengehandelte Fonds), die in Unternehmen investieren, welche im Bereich der künstlichen Intelligenz tätig sind (Vgl. Wagner 2024).

Grundsätzlich handelt es sich bei KI-Aktien um Unternehmen, die an Künstlicher Intelligenz forschen, eigene Systeme entwickeln oder zumindest Geschäftsprozesse durch den Einsatz von KI erheblich effizienter gestalten. Im internationalen Sprachgebrauch begegnet uns häufig der Begriff AI-Aktie (Artificial Intelligence). Viele Wissenschaftler sehen die Technologie als langfristigen Motor für Veränderungen, Innovation und Möglichkeiten zur Bildung von Wettbewerbsvorteilen in der zukünftigen Industrie. Jahr für Jahr werden mehr Nutzungsmöglichkeiten erforscht und so immer wieder neue Einsatzfelder erschlossen (Vgl. Tagesschau 2024).

In den folgenden Bereichen können wir bereits heute auf künstliche Intelligenzen zurückgreifen und diesen bei der Arbeit förmlich zuschauen: Fintech, Marketing, Kundenbetreuung, Pharma, Medizintechnik, Militär, Landwirtschaft, IT-Sektor, Datenanalyse, Sicherheit und Automobil. Ganz vorn in diesem Akquisitionskampf mischen Big Tech-Firmen wie Alphabet, Amazon, Meta und

© Der/die Autor(en), exklusiv lizenziert an Springer Fachmedien Wiesbaden GmbH, ein Teil von Springer Nature 2025
E. Strauß und M. Bramberger, *Geldanlage und Künstliche Intelligenz*, essentials, https://doi.org/10.1007/978-3-658-48213-8_4

Microsoft mit, die auf diesem Wege langfristig ihre Wettbewerbspositionen ausbauen und sichern wollen. Groß ist das Wettbieten und das Interesse an einer Vielzahl von Start-ups, die innovative Lösungen anbieten.

Für potenzielle Anleger gibt es dementsprechend eine Vielzahl von Optionen zum Investieren. Die zukünftige Relevanz und auch Potenziale, die sich aus der Nutzung von künstlicher Intelligenz in der Zukunft ergeben könnten, stehen dementsprechend auch auf der Agenda einer Vielzahl von Unternehmen in der Wirtschaft. Niemand möchte die Teilnahme an diesem Trend verpassen und als letzter davon profitieren (Vgl. Finanzwissen 2024).

4.1 KI-Aktien

KI-Aktien gehören zu den Wachstumsaktien und bieten sowohl Chancen auf hohe Renditen als auch das Risiko von Marktschwankungen. Reine KI-Unternehmen sind auch 2025 an der Börse noch selten. Trotzdem profitieren viele Aktien aktuell vom KI-Hype. Einige der Top-KI-Aktien mit zuletzt starker Rendite sind NVIDIA, Meta Platforms (ehemals Facebook), Amazon und Alphabet (Vgl. Strobel. 2025).

Die Ankündigung des KI-Infrastrukturprojekts Stargate in den USA sowie die Fortschritte des chinesischen Start-ups DeepSeek haben den KI-Markt zu Jahresbeginn 2025 erheblich beeinflusst und bisher gehypte Tech-Aktien wie NVIDIA stürzten an der Börse ab. Diese Entwicklungen verdeutlichen die zunehmende Dynamik zwischen westlichen und chinesischen Unternehmen und deren strategische Initiativen, die die Landschaft der KI-Technologien und deren Integration in verschiedene Geschäftsmodelle im Jahr 2025 und darüber hinaus maßgeblich prägen werden (Vgl. Strobel 2025).

Für Anlegerinnen und Anleger eröffnen sich in diesem Umfeld dennoch vielfältige Anlagemöglichkeiten. Unternehmen, die von der steigenden Nachfrage nach KI-Infrastruktur profitieren, sind weiterhin attraktive Investitionsziele. Insbesondere Unternehmen, die spezialisierte Komponenten wie Chips für KI-Modelltraining oder Speicherlösungen entwickeln, kommen als potenzielle Gewinner dieses Marktes in Betracht. Die rasche Expansion von Cloud-Computing und Edge-Computing sind ebenfalls treibende Kraft für den KI-Boom (Vgl. Strobel 2025).

Für Anleger bietet der KI-Sektor in den nächsten Jahren erhebliches Potenzial. Unternehmen, die als Marktführer in der KI-Entwicklung etabliert sind, sowie innovative Start-ups bieten lukrative Anlagemöglichkeiten. Interessierte Anleger sollten dabei verschiedene Bereiche wie Infrastruktur, Software, Automatisierung und Robotik, Gesundheitswesen und Biotech im Blick behalten, um das Risiko zu streuen und von unterschiedlichen Wachstumsquellen zu profitieren (Vgl. Strobel 2025).

4.2 KI-ETFs

Wenn Sie einzelne KI-Aktien kaufen, müssen Sie auf eine angemessene Gewichtung in Relation zu Ihrem Gesamtportfolio achten. Deutlicher leichter gelingt der Aufbau eines diversifizierten Portfolios aus KI-Aktien mit einem KI-Aktien-ETF. ETFs bilden einen Aktien-Index nach und ermöglichen so ein einfaches Investment in eine Vielzahl von Aktien aus dem Bereich KI, beispielsweise:

- WisdomTree Artificial Intelligence UCITS ETF
- Amundi MSCI Robotics & AI ESG Screened UCITS ETF ACC
- Xtrackers Artificial Intelligence & Big Data UCITS ETF
- L&G Artificial Intelligence UCITS ETF
- iShares Automation & Robotics UCITS ETF
- Invesco AI and Next Gen Software ETF
- iShares A.I. Innovation and Tech Act ETF (Vgl. Strobel 2025).

Je mehr Aktien Ihr Portfolio beinhaltet, desto geringer ist tendenziell dessen Volatilität. Allerdings ist bei einem branchenspezifischen ETF wie einem KI-Aktien-ETF immer Vorsicht geboten. Durch den Fokus auf das KI-Thema bleiben bestimmte Branchen unterrepräsentiert. Wenn Sie einen KI-Aktien-ETF kaufen, sollten Sie daher in jedem Fall zusätzlich in einen breiter gestreuten ETF wie den MSCI World investieren (Vgl. Strobel 2025).

4.3 Befinden wir uns in einer KI-Blase?

Im Jahr 2024 schossen die KI-Aktien in die Höhe, angetrieben von der Begeisterung um das Potenzial künstlicher Intelligenz. Dennoch hat der Anstieg der KI-bezogenen Unternehmen Bedenken geweckt. Einige Skeptiker befürchten, dass dies eine Blase sein könnte. Einige KI-Aktien haben astronomische Bewertungen erreicht, was viele zu der Frage veranlasst: Ist dieser Enthusiasmus gerechtfertigt oder steuern wir auf einen Crash zu? Die Aufregung um KI erinnert an die Dotcom-Blase der 1990er-Jahre. Der Start von ChatGPT durch OpenAI im

Jahr 2022 löste ein massives Interesse an KI aus, ähnlich wie es einst das frühe Internet tat (Vgl. Boolchandani 2025).

Die Dotcom-Blase, auch bekannt als Internetblase, war eine Spekulationsblase, die in den späten 1990er-Jahren und Anfang der 2000er-Jahre auftrat. Sie betraf hauptsächlich Technologieunternehmen, insbesondere solche, die mit dem Internet zu tun hatten. Viele dieser Unternehmen wurden stark überbewertet, da Anleger hohe Gewinnerwartungen hatten und in die Zukunft dieser Firmen investierten. Im Jahr 2000 platzte die Blase, was zu erheblichen Kursverlusten und finanziellen Verlusten für viele Anleger führte (Vgl. Wikipedia 2025).

KI-Aktien werden von hohen Erwartungen getragen. Unternehmen wie NVIDIA, Microsoft, Google und Amazon haben zusammen Billionen in KI-Technologien investiert und so ihre Aktienkurse in die Höhe getrieben. NVIDIAs Rolle als Hauptlieferant von KI-Chips hat das Unternehmen zum Aushängeschild des KI-Booms gemacht, wobei sich sein Aktienkurs von 2022 bis 2024 um das Neunfache erhöht hat. Für einen kurzen Moment übertraf es sogar Technologiegiganten wie Microsoft und Apple und war zwischenzeitlich das wertvollste börsennotierte Unternehmen der Welt (Vgl. Boolchandani 2025).

Der jüngste technologische Durchbruch des chinesischen Startups DeepSeek mit dem R1-Modell hatte kürzlich ein regelrechtes KI-Gewitter an den Technologiebörsen verursacht. Der Schock über angeblich deutlich günstigere KI aus China führte am Montag, dem 27. Januar 2025, zu einem Rekord-Wertverlust der NVIDIA-Aktie. Der Börsenwert des Chipkonzerns fiel an diesem Tag um fast 600 Mrd. US-Dollar, nachdem die Aktie um rund 17 % einbrach. (finanzen.ch. 2025) Unternehmen wie Microsoft, Tesla, Meta und Alphabet verzeichneten ebenfalls erhebliche Verluste. Die Anleger erwarten ein starkes Wachstum und die Befürchtung kommt auf, dass KI-Aktien überbewertet sein könnten und der Höhepunkt des Erfolgs bereits überschritten ist.

Um festzustellen, ob sich die KI in einer Blase befindet, muss man den Unterschied zwischen einem Bullenmarkt und einer Blase verstehen. Ein Bullenmarkt ist durch steigende Aktienkurse aufgrund echter Wachstumsaussichten gekennzeichnet, während von einer Blase gesprochen wird, wenn die Preise durch Spekulationsfieber getrieben werden und keinen Bezug zu den zugrunde liegenden Fundamentaldaten haben (Vgl. Boolchandani 2025).

Wenn Investoren die Aktienkurse von KI-Unternehmen auf ein Niveau treiben, das weit über ihrem tatsächlichen Wert liegt, und zwar auf der Grundlage von Spekulationen und nicht auf der Grundlage der fundamentalen finanziellen Leistung der Unternehmen, dann entsteht eine KI-Blase. Dieses Muster gilt nicht nur für KI; Eine Studie über 200 Jahre technologischer Innovationen zeigt, dass etwa 75 % der großen technologischen Fortschritte mit spekulativen Marktblasen einhergehen. Der aktuelle KI-Boom, der durch Durchbrüche in der generativen KI und die öffentliche Veröffentlichung von ChatGPT im Jahr 2022 angetrieben wird, spiegelt frühere Technologieblasen wie die erwähnte Dotcom-Ära, sowie Blockchain und Big Data (Vgl. Whitworth 2025).

Laut Peter Oppenheimer, Chefstratege für globale Aktien bei Goldman Sachs Research, hat das explosionsartig gestiegene Interesse an künstlicher Intelligenz zwar zu einer massiven Rallye der Technologieaktien geführt, insbesondere bei einer großen Gruppe von US-Unternehmen. Die aktuelle Bewertung von KI-Aktien deutet seiner Meinung nach jedoch nicht auf eine Blase hin. Die Kurs-Gewinn-Verhältnisse (KGV) der führenden KI-Unternehmen sind deutlich niedriger als in früheren Blasen wie der Dotcom-Blase beispielsweise (Vgl. Boolchandani 2025).

Im Gegensatz dazu verweisen Experten, die argumentieren, dass die KI-Blase geplatzt ist, auf mehrere Indikatoren, die darauf hindeuten, dass das schnelle Wachstum und die hohen Bewertungen der KI-Branche nicht nachhaltig sind: Anfang August 2024 fiel der Nasdaq-100, der die wichtigsten Technologiewerte repräsentiert, um neun Prozent gegenüber seinem Höchststand vom 30. Juli; während die „Magnificent Seven", darunter Apple, Amazon und Tesla, 650 Mrd. US-Dollar an Marktwert verloren. Nvidia, ein führendes Unternehmen für KI-Chips, verzeichnete einen Rückgang von 30 % gegenüber seinem Höchststand im Jahr 2024 und verlor massiv an Marktwert. Große Technologieunternehmen konnten durch ihre massiven KI-Investitionen keine nennenswerten Umsatzsteigerungen oder Gewinne verzeichnen, was Unsicherheit bei den Anlegern hervorruft. Mindestens ein großer Hedgefonds hat Kunden vor der Kostenineffizienz und den Funktionsproblemen von KI-Produkten gewarnt, was auf eine breitere Skepsis in Finanzkreisen hinweist (Vgl. Whitworth 2025).

4.4 Diese Aktie profitiert vom KI-Boom

Eine Anfrage an die KI-Anwendung Chat-GPT benötigt schätzungsweise zehnmal so viel Energie wie eine Google-Suche. Folgerichtig gilt: Je mehr Einzug KI in den Alltag hält, desto mehr Strom brauchen die gigantischen Rechenzentren weltweit. Allein in den USA rechnet man damit, dass sich der Stromverbrauch in den nächsten fünf Jahren verdoppeln wird. Manche Experten rechnen in den nächsten zehn Jahren mit einer Vervierfachung des Stromverbrauchs. Die Tech-Firmen propagieren die Rückkehr zur Atomenergie als unverzichtbar für eine klimafreundliche Zukunft, da Atomstrom mit sehr wenig CO_2 Ausstoß erzeugt wird. In den USA wird Atomstrom als sauber angesehen und damit als grün. Deutschland stellt aktuell eine Ausnahme dar, doch auch Frankreich und viele andere Länder sehen das nicht so kritisch (Vgl. Hell 2024).

Um der enormen Nachfrage nach Energie gerecht zu werden, haben Microsoft, Google und Amazon Verträge mit Betreibern von Kernkraftwerken abgeschlossen. Google will ab 2030 sogar ein eigenes Mini-Atomkraftwerk in Betrieb nehmen. Bis 2035 sind weitere Reaktoren mit einer Gesamtleistung von 500 Megawatt geplant. Das würde ausreichen, um eine Stadt wie Zürich oder Leipzig komplett mit Strom zu versorgen (Vgl. Dogantekin 2024).

Auch der Uran-Preis hat entsprechend reagiert und hat sich in den letzten Jahren vervielfacht. Viele Uran-Produzenten verkaufen ihr Uran aktuell nicht zu den aktuellen Preisen, weil sie wissen, dass die Uran-Nachfrage in den nächsten Jahren explodieren wird. Obwohl die Atomkraft eine teure Stromquelle ist, wird es wahrscheinlich eine Rückkehr zur Atomkraft geben und einen Hype um Atomkraft. Dadurch steigt der Uran-Preis und entsprechend der Wert der Uran-Aktien (Vgl. Hell 2024).

Rund 30 Länder, die bisher noch keine Kernenergie nutzen, würden Experten zufolge die Einführung von Atomkraft in ihren Energiemix erwägen, während andere Staaten planen, die Lebensdauer bestehender Atomkraftwerke zu verlängern und/oder die Kapazitäten zu erweitern. Auf dieses Anlagethema ausgerichtete strukturierte Produkte wie der VanEck Uranium and Nuclear ETF bieten eine Möglichkeit, breit diversifiziert von der Renaissance der Atomenergie zu profitieren. Der Nuclear ETF investiert dabei in Unternehmen entlang der gesamten Wertschöpfungskette. Zu den wichtigsten Beteiligungen gehören Constellation Energy, Cameco Corporation, das größte Uranbergbauunternehmen im Portfolio, BWX Technologies, ein Anbieter von Ausrüstungen und Dienstleistungen, der vor kurzem einen US-Auftrag zur Erforschung der heimischen Urananreicherung erhalten hat, und Oklo, ein neu hinzugekommenes Unternehmen, das mit fortschrittlichen Kernkraftwerken und Brennstoffrecyclinganlagen innovativ tätig ist (Vgl. Börsenwerte 2025).

Für Stockpicker sind möglicherweise selektiv auch einige der in diesem ETF enthaltenen Einzelwerte ebenfalls attraktiv. So waren ETF-Schwergewichte wie Constellation Energy, ein führender Betreiber von Atomkraftwerken, Public Service Enterprise Group, eine Holdinggesellschaft eines regulierten Versorgungsunternehmens (PSE&G) und anderer, nicht regulierter Geschäftsbereiche, wie zum Beispiel Atomstromerzeugung und saubere Energieprojekte, oder Cameco, der zweitgrößte Produzent von Uran weltweit, zuletzt Performance-seitig ausgesprochen erfolgreich. Vor einem Investment sollten Einzelinvestments aber wie immer

4.4 Diese Aktie profitiert vom KI-Boom

erst einer eingehenden Analyse unterzogen werden, die am besten fundamentale als auch charttechnische Anlagefaktoren berücksichtigt (Vgl. Börsenwerte 2025).

Der Uranmarkt wird stark von geopolitischen und wirtschaftlichen Faktoren beeinflusst. Eine sorgfältige Analyse und Diversifikation der Investitionen sind ratsam.

Fazit 5

Die Kombination von Künstlicher Intelligenz und Finanzanalysen bietet spannende Möglichkeiten für Investoren, ihre Anlagestrategien zu optimieren. KI-gestützte Chatbot-Tools wie ChatGPT können dabei helfen, aussichtsreiche Aktien oder ETFs zu identifizieren. Es ist jedoch wichtig, KI-Empfehlungen kritisch zu hinterfragen und menschliche Expertise einzubeziehen. Die Diversifikation und Risikostreuung bleiben weiterhin entscheidend für eine solide Anlagestrategie. Die Integration von KI in die Geldanlage kann eine wertvolle Unterstützung sein, aber die Verantwortung für Entscheidungen liegt weiterhin beim Anleger. Eine ausgewogene Nutzung von menschlicher Intuition und KI-gestützten Analysen kann zu besseren Investmentergebnissen führen. In einem sich wandelnden Finanzumfeld kann die KI-gestützte Aktienanalyse dazu beitragen, Chancen zu nutzen und langfristigen Erfolg zu erzielen. Investieren erfordert Vorsicht und Weitsicht, und die richtige Balance zwischen menschlicher Expertise und technologischer Unterstützung ist der Schlüssel zum Erfolg (Vgl. Böck 2024).

KI Robo Advisors sind kosteneffizient und bieten online automatisierte, personalisierte Anlagestrategien, die kontinuierlich überwacht und angepasst werden. Sie sind leicht zugänglich und erfordern keine umfassenden Finanzkenntnisse. Zudem ermöglichen sie eine Diversifikation des Portfolios, was das Anlagerisiko streut und optimiert. Robo Advisors investieren in Wertpapiere wie Akten und Anleihen, die potentiell hohe Renditechancen bieten, basierend auf Ihrem individuellen Risikoprofil. Sie sind in der Regel günstiger als traditionelle Anlageberater. Dennoch ist es ist wichtig, die Kostenstrukturen der verschiedenen Robo-Advisors zu vergleichen, um sicherzustellen, den besten Anbieter für die individuellen Bedürfnisse zu finden. Ein Risiko, welches man beachten sollte, ist die Möglichkeit, einem betrügerischen Robo Advisor auf den Leim zu gehen. Hohe Renditen werden versprochen und attraktive Websites werden verwendet, um die Anleger zu täuschen. Was die Anleger ernten, sind hohe, versteckte Gebühren. Es ist wichtig, diese Plattformen zu vermeiden und sich bei der Auswahl des Robo Advisors gründlich zu informieren.

Während ChatGPT und Robo-Advisors viele Vorteile bieten und die Finanzberatung zugänglicher und kostengünstiger machen, können sie traditionelle Finanzberater nicht vollständig ersetzen. Beide Technologien haben ihre Grenzen und sollten als Ergänzung zu professioneller Beratung genutzt werden. Für komplexe Finanzentscheidungen und individuelle Beratung bleiben menschliche Finanzberater unverzichtbar. Dennoch bieten ChatGPT und Robo-Advisors wertvolle Werkzeuge, die Anlegern helfen können, fundierte Entscheidungen zu treffen und ihre Anlagestrategien zu optimieren.

Eine weitere Frage ist, ob man in Künstliche Intelligenz in Form von KI-Aktien oder -ETFs investieren sollte, um von dem Hype um KI zu profitieren. Eine Geldanlage in KI-Aktien und ETFs kann eine attraktive Möglichkeit sein, von einem zukunftsträchtigen Markt zu profitieren. Es ist jedoch wichtig, die Risiken zu berücksichtigen und eine sorgfältige Analyse durchzuführen, denn Experten befürchten, dass KI überbewertet sein könnte, es ist sogar von einer KI-Blase die Rede.

Was Sie aus diesem *essential* mitnehmen können

- Sie erhalten ein vertieftes Verständnis davon, wie KI-Chatbots wie ChatGPT funktionieren und wie ernst man das Gesagte nehmen soll und darf, speziell in Bezug auf Inestment-Empfehlungen seitens des Chatbots.
- Wir legen die Vorteile und Risiken des KI-Robo-Advisors dar, welcher Ihr Geld automatisiert anlegt und verwaltet.
- Wir widmen uns auch der Möglichkeit der Geldanlage in KI-Aktien oder KI-ETFs, um als Anleger von dem Wachstumsmarkt zu profitieren.

Literatur

Abbas, Assad. (2023). „Die Zukunft von Suchmaschinen in einer Welt von KI und LLMs". Verfügbar unter: [https://www.techopedia.com/de/die-zukunft-der-suchmaschinen-in-einer-welt-von-ki-und-llms?] (Zugriff am 28.11.2024).

AI Wegweiser. (2024). „Ihr Guide in die Welt der KI und Technologietrends". Verfügbar unter: [https:/aiwegweiser.de/kann-ki-markttrends-vorhersagen] (Zugriff am 18.12.2024).

Böck, Cordula. (2024). „KI-Aktienanalyse und die Kunst der richtigen Investmententscheidung". Verfügbar unter: [https://the-moneyinsider1.de/chatgpt-wie-gut-eignet-sich-die-ki-fuer-die-aktienanalyse/] (Zugriff am 12.12.2024).

Boolchandani, Sonia. (2025). „Befinden sich KI-Aktien in einer Blase?". Verfügbar unter: [https://vestedfinance-com.translate.goog/blog/us-stocks/are-ai-stocks-in-a-bubble/?_x_tr_sl=en&_x_tr_tl=de&_x_tr_hl=de&_x_tr_pto=rq] (Zugriff am 12.02.2025).

Börsenwerte. (2025). „Atomkraft ist wieder sexy. Warum Uran-Aktien dank künstlicher Intelligenz gefragt sind und Chancen bieten". Verfügbar unter: [https://www.boersenbrief.at/blog/atomkraft-ist-wieder-sexy-warum-uran-aktien-dank-kuenstlicher-intelligenz-gefragt-sind-und-chancen-bieten/] (Zugriff am 24.02.2025).

Brokervergleich. (2024). „Künstliche Intelligenz und Börse – Geldanlage mit KI-Tools wie ChatGPT und Co". Verfügbar unter: [https://www.brokervergleich.de/wissen/expertisen/geldanlage-mit-ki-technologie-chatgpt-und-co/?] (Zugriff am 8.12.2024).

Contentmanager. (2023). „ChatGPT und Co versus Suchmaschine. Die Vor- und Nachteile". Verfügbar unter: [https://www.contentmanager.de/wissen/chatgpt-vs-suchmaschine-die-vor-und-nachteile/?] (Zugriff am 12.12.2024).

Comdirekt Magazin. (2020). „Künstliche Intelligenz. KI in der Geldanlage – so funktioniert Künstliche Intelligenz im BroKerage". Verfügbar unter: [https://magazin.comdirect.de/finanzwissen/anlegen-und-investieren/ki-in-der-geldanlage#was-ist-ki] (Zugriff am 22.12.2024).

Comdirekt Magazin. (2023). „Robo-Advisor. Infos und Tipps zur digitalen Vermögensverwaltung". Verfügbar unter: [https://magazin.comdirect.de/finanzwissen/anlegen-und-investieren/robo-advisor-digitale-vermogensverwaltung] (Zugriff am 24.12.2024).

DIVA, Deutsches Institut für Vermögensbildung und Alterssicherung. (2024). „Geldanlage im Internet – Verbraucher sind skeptisch". Verfügbar unter: [https://diva.de/pressemitteilungen/geldanlage-im-internet-verbraucher-sind-skeptisch] (Zugriff am 10.01.2024).

Dogantekin, Pinar. (2024). „Zurück zur Atomkraft: Tech-Giganten rühren in den USA an einem alten Tauma". Verfügbar unter: [https://www.stern.de/panorama/kuenstliche-intelligenz--tech-giganten-ruehren-in-den-usa-an-atomkraft-trauma-35191962.html] (Zugriff am 24.02.2025).

etf.capital. (2023). „ChatGPT. Dein digitaler Helfer für smarte Geldanlagen?". Verfügbar unter: [https://etf.capital/chatgpt-geldanlange/] (Zugriff am 22.12.2024).

Fidler, Harald. (2025). „ KI-Chatbots geben Nachrichten nicht korrekt wieder". Verfügbar unter: [https://www.derstandard.at/story/3000000257186/ki-chatbots-geben-nachrichten-nicht-korrekt-wieder?ref=niewidget] (Zugriff am 13.02.2025).

Finanzen.ch. (2025). „DeepSeek und die Folgen für den Aktienmarkt. Welche Aktien könnten profitieren?". Verfügbar unter [https://www.finanzen.ch/nachrichten/aktien/deepseek-und-die-folgen-fuer-den-aktienmarkt-welche-aktien-koennten-nun-profitieren-1034341160?] (Zugriff am 14.02.2025).

Finanzen.net. (2024). „Künstliche Intelligenz ChatGPT – Kann sie beim Investieren helfen?". Verfügbar unter: [https://www.finanzen.net/nachricht/aktien/ki-mit-anlegernutzen-kuenstliche-intelligenz-chatgpt-kann-sie-beim-investieren-helfen-12145131] (Zugriff am 27.12.2024).

Finanzwissen. (2024). „Die 15 besten KI-Aktien in der Analyse (2025)". Verfügbar unter: [https://finanzwissen.de/aktien/tech/ki/] (Zugriff am 10.02.2025).

Flossbach von Storch. (2024). „Robo Advisor: Vor- und Nachteile im Überblick". Verfügbar unter: [https://www.flossbachvonstorch.de/de/one/finanzwissen/detail/robo-advisor-vor-und-nachteile-im-ueberblick] (Zugriff am 26.12.2024).

Geppert, Andreas. (2023). „Ungeahnte Möglichkeiten durch KI. Oder das Ende der Welt?". Verfügbar unter: [https://www.digitale-gesellschaft.ch/2023/12/06/wenn-dem-zauberlehrling-der-papagei-entwischt-ungeahnte-moeglichkeiten-durch-ki-oder-das-ende-der-welt/] (Zugriff am 25.12.2024).

Hell, Sebastian. (2024). „Diese Aktie profitiert extrem vom KI-Hype". Hell investiert – Erfolgreich mit Gold, Immobilien, ETFs & Co. Verfügbar unter: [https://hellinvestiert.podigee.io/525-diese-aktie-profitiert-massiv-vom-ki-hype] (Zugriff am 24.02.2024).

Hillebrandt, Finn. (2024). „Die 10 besten KI-Tools 2024 (4 davon kostenlos)". Verfügbar unter: (https://www.gradually.ai/beste-ki-tools/) (Zugriff am 6.12.2024).

Korth, Daniel. (2023). „Ist ein Robo Advisor die richtige Wahl für Dich? Die Stärken und Schwächen im Überblick". Verfügbar unter: [https://finanzrocker.net/ist-ein-robo-advisor-die-richtige-wahl-fuer-dich-die-staerken-und-schwaechen-im-ueberblick/] (Zugriff am 26.12.2024).

Minge, Lea. (2024). „Paid vs. free KI Tools: Das sind die besten Alternativen. Verfügbar unter: (https://www.gruender.de/kuenstliche-intelligenz/paid-vs-free-ki-tools/?) (Zugriff am 6.12.2024).

Pervan, Mario. (2024). „Investieren mit ChatGPT – Das müssen Anleger unbedingt wissen". Verfügbar unter: [https://www.etf-nachrichten.de/news/investieren-mit-chatgpt-das-muessen-anleger-unbedingt-wissen/?] (Zugriff am 16.12.2024).

Prentzek. Thomas. (2025). „Robo Advisor Vergleich – die besten Anbietet im Februar 2025". Verfügbar unter: [https://www.businessinsider.de/finanz-vergleich/trading/robo-advisor/?] (Zugriff am 18.02.2025).

Literatur

Roboadvisor Portal. (2024). „Hybrid Robo-Advisor – Logische Konsequenz aus zwei Anlagewelten". Verfügbar unter: [https://www.roboadvisor-portal.com/hybrid-robo-advisor-eine-logische-konsequenz-aus-zwei-anlagewelten/] (Zugriff am 29.12.2024).

Schukay, Ralf. (2023). „Übersicht: Die meistgenutzten Text- und Bild-KIs in Deutschland und weltweit". Verfügbar unter: [https://ai-rockstars.de/uebersicht-text-bild-ki/] (Zugriff am 28.11.2024).

Skowron, Johannes. (2024). „ChatGPT-Prompts für Ihre Finanzanalysen. Mit Beispielen". Verfügbar unter: [https://qonto.com/de/blog/kmu/tipps-und-tools/chatgpt-prompts-finanz analysen] (Zugriff am 13.12.2024).

Strobel, Christoph. (2025). „KI-Aktien kaufen. So profitieren Anleger vom Hype um Künstliche Intelligenz". Verfügbar unter: [https://www.computerbild.de/artikel/cb-Tipps-Finanzen-KI-Aktien-31698081.html] (Zugriff am 11.02.2025).

Tagesschau. (2024). „Die Angst vor dem Börsen-Crash. Platzt jetzt die KI Blase?". Verfügbar unter: [https://www.tagesschau.de/wirtschaft/technologie/ki-blase-crash-100.html] (Zugriff am 11.02.2025).

Wagner, F. (2024). „Die Risiken und Chancen vo KI-Aktien2. Verfügbar unter: [https://osttirolerbote.at/aktuelles/tipps/die-risiken-und-chancen-von-ki-aktien?] (Zugriff am 10.02.2025).

Warnecke, Albert. (2024). „Geldanlage mit KI -so stellst du ChatGPT die richtigen Frage. Mit Albert Warnecke / Invest 2024". Verfügbar unter: [https://m.youtube.com/watch?v=wTb9EpIDjPY] (Zugriff am 612.2024).

Whitworth, Elisabeth. (2025). „Has the Bubble burst? Why some say „yes", the others say „no". Verfügbar unter: [https://www.shortform.com/blog/has-the-ai-bubble-burst/] (Zugriff am 12.02.2025).

Wikipedia. (2025). „Dotcom-Blase". Verfügbar unter: [https://de.wikipedia.org/wiki/Dot com-Blase] (Zugriff am 23.02.2025).

MIX
Papier aus verantwortungsvollen Quellen
Paper from responsible sources
FSC® C105338

If you have any concerns about our products,
you can contact us on
ProductSafety@springernature.com

In case Publisher is established outside the EU,
the EU authorized representative is:
**Springer Nature Customer Service Center GmbH
Europaplatz 3, 69115 Heidelberg, Germany**

Printed by Libri Plureos GmbH
in Hamburg, Germany